# 국·찌개 도감

### 글 고은정

우리장학교 대표, 약선식생활연구센터 소장이며, 현재 지리산 실상사 앞에 자리 잡은 '맛있는 부엌'에서 살고 있습니다. 남자 어른들을 위한 음식 강의, 어린이를 위한 밥상 강의도 즐겁게 하는 음식문화운동가입니다.
전국 어느 곳이든 찾아가 장과 김치, 그리고 우리 생활과 밀접한 음식에 대한 이야기를 들려주며, 어린이부터 어른까지 누구나 직접 음식을 해 먹을 수 있는 독립적인 삶을 응원하고 있습니다. 세상의 다양성을 인정하는 것이 삶을 풍요롭게 하듯이, 음식의 맛도 각자의 맛을 찾아가고 자신의 맛을 만들어 내는 것이 중요하다는 것을 늘 강조합니다. 지은 책으로 《장 나와라 뚝딱》, 《밥을 짓다 사람을 만나다》, 《우리 학교 장독대》, 《내가 끓이는 생일 미역국》, 《김치 도감》, 《밥 도감》 등이 있습니다.

### 그림 안경자

산 좋고 물 맑은 충청북도 청원에서 태어났습니다. 대학교에서 서양화를 공부한 뒤 어린이들에게 그림을 가르쳤고, 지금은 식물 세밀화와 생태 그림을 그리고 있답니다. 숨어 있는 곤충이나 작은 풀들을 잘 찾아내서 주위 사람들을 깜짝 놀라게 하지요. 할머니가 되어서도 자연의 아름다움을 그리는 것이 꿈이랍니다. 《풀이 좋아》, 《세밀화로 그린 보리 어린이 풀 도감》, 《꽃이랑 소리로 배우는 훈민정음 ㄱㄴㄷ》, 《아침에 일어나면 뽀뽀》, 《파브르에게 배우는 식물 이야기》, 《무당벌레가 들려주는 텃밭 이야기》, 《콩 농사짓는 마을에 가 볼래요?》, 《동물이랑 식물이 같다고요?!》, 《식물은 떡잎부터 다르다고요?!》, 《동물은 뼈부터 다르다고요?!》, 《우주랑 사람이 같다고요?!》, 《김치 도감》, 《밥 도감》 등에 그림을 그렸습니다.

---

재료부터 만드는 방법까지 한눈에 살펴보는

# 국·찌개 도감

초판 1쇄 발행 | 2022년 7월 15일

글쓴이 | 고은정
그린이 | 안경자

펴낸이 | 조미현
책임편집 | 황정원
편집진행 | 노정임
디자인 | 토가 김선태

펴낸곳 | (주)현암사
등록 | 1951년 12월 24일 제10-126호
주소 | 04029 서울시 마포구 동교로12안길 35
전화 | 02-365-5051    팩스 | 02-313-2729
전자우편 | child@hyeonamsa.com
홈페이지 | www.hyeonamsa.com
블로그 | blog.naver.com/hyeonamsa
인스타그램 | www.instagram.com/hyeonam_junior

ⓒ 고은정, 안경자, 노정임 2022

ISBN 978-89-323-7568-7  73380

* 이 책은 저작권법에 따라 보호를 받는 저작물이므로 저작권자와 출판사의 허락 없이 이 책의 내용을 복제하거나 다른 용도로 쓸 수 없습니다.
* 책값은 뒤표지에 있습니다. 잘못된 책은 바꾸어 드립니다.
* 현암주니어는 (주)현암사의 아동 브랜드입니다.

| | | |
|---|---|---|
| 제품명 도서 | 전화 02-365-5051 | |
| 제조년월 2022년 7월 | 제조국명 대한민국 | |
| 제조자명 (주)현암사 | 사용연령 8세 이상 | |
| 주소 서울시 마포구 동교로12안길 35 | | |

주의: 책 모서리에 부딪히거나 종이에 베이지 않도록 주의해 주세요.
· KC 마크는 이 제품이 공통안전기준에 적합하였음을 의미합니다.

재료부터 만드는 방법까지
한눈에 살펴보는

# 국·찌개 도감

글 고은정 | 그림 안경자

현암
주니어

# 차례

일러두기 _ 7

머리말 _ 8

내가 만드는 안전한 부엌 _ 9

▶ 준비물 _ 10
▶ 국 끓이기 전에 육수 만들기 _ 12
▶ 첫 국을 끓여 볼까요? 김칫국 _ 14

## 1부

### 날마다 먹어도 맛있는
# 된장찌개

▶ 한눈에 보는 된장찌개 재료 _ 18
  • 국물
  • 건더기
▶ 남은 국을 보관하는 방법 _ 31

■ 돼지고기된장찌개 _ 32
■ 버섯된장찌개 _ 33

**2부**

## 자주 먹는 여러 가지
# 국, 찌개

▶ 국물의 간을 맞추는 소금과 장 _ 36

- 돼지고기김치찌개 _ 38
- 소고기뭇국 _ 40
- 참나물된장국 _ 42
- 미역된장국 _ 44
- 바지락탕 _ 46
- 콩나물명란탕 _ 48
- 고추장찌개 _ 50
- 가지냉국 _ 52
- 토란탕 _ 54
- 떡국 _ 58

편집자의 편지 _ 60
찾아보기 _ 62

## 일러두기

- 국은 밥과 함께 먹어요. 상차림에서 밥 먹는 손과 가장 가까운 자리에 국을 둡니다. 손이 자주 가는 반찬, 흘리기 쉬운 음식을 가까이에 두지요. 수저 바로 옆에 국을 놓아요. 숟가락으로 후룩후룩 떠먹는 국물 음식은 맛도 좋고 다른 음식을 먹기 수월하게 도와줍니다. 이 책에서는 쌀밥, 잡곡밥과 무척 잘 어울리는 국, 찌개를 만들어 볼 거예요.

- 1부에서는 날마다 먹어도 맛있는 된장찌개 끓이는 과정을 자세히 살펴봅니다. 된장찌개에 들어가는 재료는 집에 있는 채소, 제철 재료 등 다양하게 바꿔서 끓일 수 있어요. 이 책에서는 채소를 듬뿍 넣어 끓이고, 소고기도 첨가해 만들어 봅니다. (이 책의 식재료는 4인분 기준입니다.)

- 국은 국물과 건더기(건지)로 이루어져 있어요. 건지를 다듬어 준비하고, 국물에 장을 더해 간을 맞춰 끓이면 되지요. 장국, 육수, 다양한 재료와 간장, 된장, 고추장 등 다양한 조합으로 맛을 만들어 내요. 이 책에서 간을 맞추는 장은 모두 집에서 담근 장을 기준으로 했어요. 집집마다 장의 염도가 다르니 맛을 보며 입맛에 맞게 간을 맞추어 보세요. 그리고 계절에 따라, 음식에 따라 어울리는 국을 끓여 보세요. 이 책을 통해 열두 가지 국물 음식이 익숙해지고 나면 일 년 내내 더 많은 국과 찌개를 만들 수 있게 될 거예요.

## 머리말

국은 고기, 생선, 나물 들에 물을 많이 붓고 간을 맞추어 끓인 것으로, 우리 음식에서 밥과 짝을 이루는 아주 중요한 음식입니다. 국은 밥을 더 맛있게 먹게 하는 재주를 가졌어요. 그래서 나는 거의 날마다 국을 끓여요. 계절에 따라 이런저런 재료로 여러 가지 다른 국을 끓이는 것이 재미있어요.

어느 날은 구수하게 된장국을 끓이고, 또 어느 날엔 매콤한 고추장을 풀어 찌개를 끓여요. 맑은국을 끓일 때는 간장을 쓰거나 소금을 쓰기도 하고요. 아주 가끔은 소나 돼지의 뼈를 고아 만든 곰국을 상에 올리기도 하지요. 여름에는 오이나 가지 등을 이용해 찬국(냉국)을 해 먹기도 하고요.

나는 밥상 앞에 앉으면 가장 먼저 국을 한 숟가락 떠서 입에 넣어 보아요. 따뜻하고 맛있는 국물은 따뜻하게 입안을 덥히고, 어서 빨리 밥을 먹고 싶은 마음이 들게 해서 좋아요. 시원하게 만든 찬국은 입에 넣는 순간 더위로 떨어진 입맛을 다시 살려 주니 자꾸 만들게 돼요. 더운 국이나 찬국 모두 언제나 우리에게 밥을 먹는 즐거움을 주지요.

보통 국은 한 번에 다 먹을 양만큼 조금만 끓이지만, 미역국은 며칠 먹을 수 있게 넉넉히 끓여요. 끓이면 끓일수록 맛이 깊어지거든요. 동물의 뼈나 고기를 이용해 끓이는 곰국은 오래 끓여야 더 진한 맛이 우러나니 조금 귀찮지만 많이 끓여서 두고두고 먹기도 하지요. 끓일 때 넉넉히 끓여 친구나 친척들과 나누어 먹어도 아주 좋아요.

차고 더운 국, 육류나 채소, 해산물 등을 이용한 우리의 국은 세계 어디에 내놓아도 손색없는 멋진 음식이라 자랑스럽습니다.

_ 고은정

## 내가 만드는 안전한 부엌

국은 오랜 시간 끓이는 경우가 많아요. 추운 날씨라도 환기를 꼭 해 주세요. 뿐만 아니라 《김치 도감》, 《밥 도감》을 보며 음식을 만들어 본 친구들은 이제 음식 만들 때 조심할 것을 알고 있을 거예요. 음식 만들기가 익숙해져도 늘 조심해야 하는 것이 있어요. 칼 사용과 불 사용입니다. 고기를 썰거나 단단한 채소를 썰 때 특히 손이 베이지 않게 조심해야 합니다. 천천히 썰면 돼요. 칼은 사용한 뒤에 안전한 곳에 놓아두세요. 음식 만들기도, 부엌의 안전 지키기도 우리 모두 스스로 할 수 있어요.

국을 끓이다 보면 끓는 시간이 길어서 자리를 비우거나 다른 음식을 준비하는 경우가 많아요. 잠시 잊고 있는 사이 국물이 끓어 넘치고 졸아들고, 심지어 냄비를 태우기도 해요. 화재가 나는 일은 절대 없어야 하지요. 불 주변에 종이나 기름 등 잘 타는 물질은 두지 않아요. 국이 끓는 동안 자리를 비우지 마세요. 알람을 사용하면 좋아요. 요리사들도 알람을 사용해서 시간을 잘 지켜 요리를 하지요.

몇 가지만 조심하면 안전한 부엌에서 언제나 맛있는 음식을 만들 수 있어요!

* **마무리도 즐겁게 해요.** 음식 찌꺼기 처리, 설거지와 그릇 정리도 함께하세요. 뒷정리까지 음식 만들기의 과정입니다. 마무리를 잘해 두면 그다음 요리를 더욱 즐겁게 할 수 있어요.

# 준비물

국의 분량과 종류에 따라 적절한 솥을 골라요. 계량컵으로 200ml(밀리리터) 육수가 5~6컵이 들어가는 국물 음식은 건더기까지 포함하면 1L(리터) 이상이 되므로, 약 2리터 되는 냄비가 알맞아요.
속이 깊고 두께가 도톰한 솥이나 냄비가 좋지요. 국물이 적은 찌개는 전골냄비나 뚝배기에 담아요.

**국 대접**

대접은 위가 넓고 높이가 낮으며 뚜껑이 없는 그릇을 말해요.
보온이 잘되는 도톰한 국그릇을 많이 써요.
냉국은 유리그릇에 담으면 시원해 보여요.

> 뜨거운 국을 대접에 풀 때에도 국을 잡은 손이 데이지 않게 조심하세요.

**주방 장갑**   **손잡이**

뜨거워진 솥을 만질 때에 필요해요.
도톰한 장갑이나 냄비 손잡이로 안전하게 두 손으로 잡고 옮겨요.

 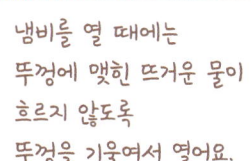

> 냄비를 열 때에는 뚜껑에 맺힌 뜨거운 물이 흐르지 않도록 뚜껑을 기울여서 열어요.

**나눔 접시(앞접시)**

여럿이 먹을 때에는 개인별로 작은 그릇에 덜어서 먹어요.

# 국 끓이기 전에 육수 만들기

국 끓이기는 맹물로 해도 충분합니다. 국물 만들기가 어려워 국을 안 끓이기보다 내 손으로 끓여서 먹는 게 더 중요하지요. 미리 육수를 만들어 두면 음식 만드는 시간도 줄이고 좀 더 맛있는 국을 먹을 수 있어요. 본디 '육수'는 고기를 삶아 낸 물이에요. 요즘에는 멸치나 채소를 함께 우려낸 국물도 육수라고 말해요. 재료 맛도 살리고 장맛도 살릴 수 있게 엷은 멸치 육수를 끓일 거예요.

**멸치 육수 재료**

**마른 멸치(큰 것) 10개**
통째로 쓸 거예요.

**마른 표고버섯 3개**
물에 가볍게 씻어요. 버섯 기둥이 있다면 뿌리 끝의 먼지를 털어 내요.

**물 2리터(L)**

**다시마(10×10cm) 1장**
마른 행주로 닦아요.
먼지를 털어 내는 정도면 돼요.

**만드는 법**

❶ 속이 깊은 빈 냄비를 불에 올려요.

❷ 멸치를 넣고 볶아요.

이때 나쁜 냄새가 날아가요.

③ 멸치 냄새가 올라오면, 준비한 다시마와 버섯을 넣어요.

④ 물을 반 컵만 먼저 부어요.

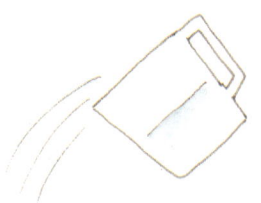

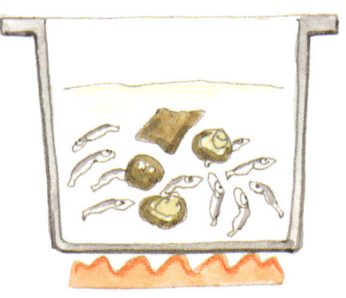

⑤ 남은 물을 다 붓고 센 불로 끓여요.

⑥ 팔팔 끓기 시작하면 불을 약하게 줄여 15~20분 더 끓인 뒤, 불을 꺼요.

⑦ 건더기를 건져 내고 국물을 써요.

※ 국물을 식혀 냉장고에 넣어 두고 써요.

### 육수를 끓인 뒤 건져 낸 다시마와 버섯은 버리나요?

부드러워진 다시마와 버섯을 작게 잘라 간장에 졸여 반찬으로 먹을 수 있어요. 간장 1, 조청 1, 물 1의 비율로 섞어서 조림 양념을 만들어요. 프라이팬에 넣고 양념이 자글자글 끓으면 불을 줄이고 잘라 둔 다시마와 버섯을 넣어 자작하게 졸여서 먹어요. 또는 잘라 넣고 밥을 지어서 먹어도 좋아요. 양념간장을 만들어서 비벼 먹으면 되지요. 음식 쓰레기도 줄이고 건강에도 좋은 습관이에요.

## 첫 국을 끓여 볼까요? 김칫국

**재료**

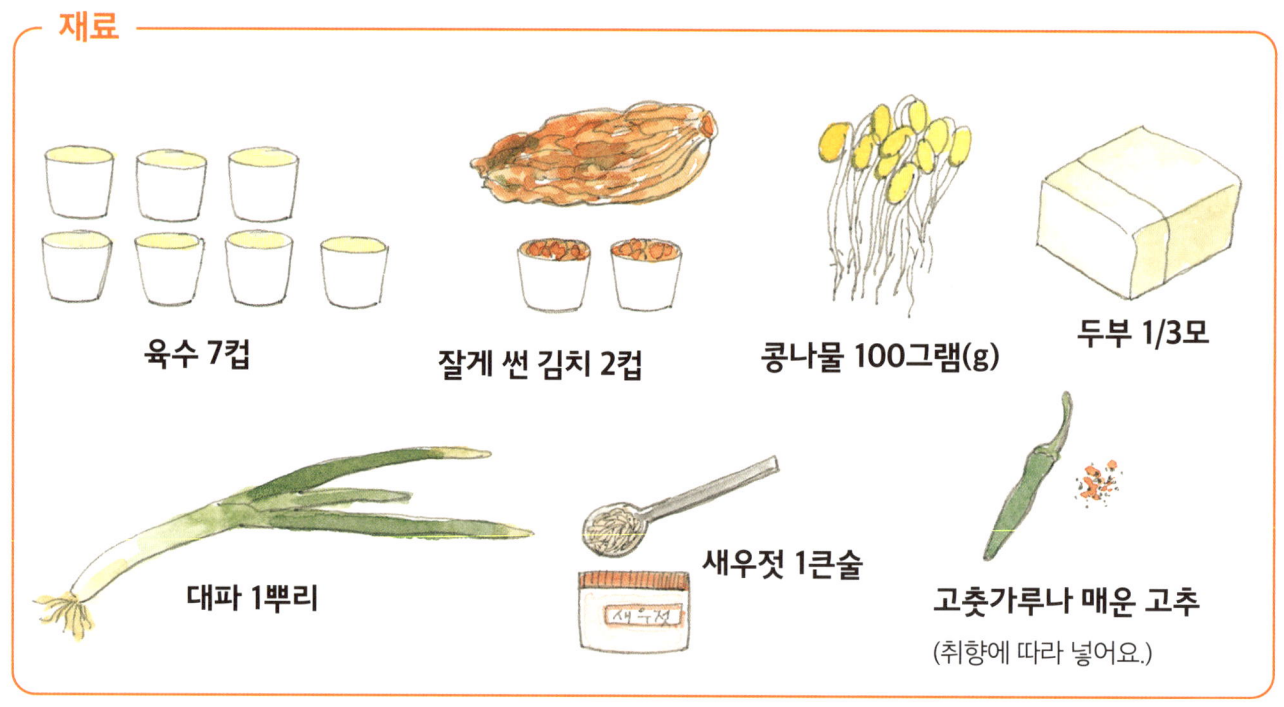

- 육수 7컵
- 잘게 썬 김치 2컵
- 콩나물 100그램(g)
- 두부 1/3모
- 대파 1뿌리
- 새우젓 1큰술
- 고춧가루나 매운 고추 (취향에 따라 넣어요.)

**만드는 법**

① 김치는 국물을 꼭 짜고, 송송 썬다.

② 콩나물은 껍질을 골라내고 깨끗이 씻는다.

## 1부
### 날마다 먹어도 맛있는
# 된장찌개

사시사철 언제나,
날마다 먹어도 맛있는 된장찌개입니다.

# 한눈에 보는 된장찌개 재료

**국물**

된장 2~3큰술

멸치 육수 5~6컵

후추 조금

### 설탕은 안 넣나요?

육수에도 단맛이 있고, 된장, 양파, 호박, 파에서도 단맛이 나요. 끓일수록 재료의 단맛이 우러납니다. 설탕을 많이 넣으면 맛이 비슷해져요. 설탕이나 화학조미료를 넣지 않고 끓이면, 재료마다 다른 맛을 느껴 보는 재미가 있어요.

## 건더기

감자 1개(약 150g)

양파 반 개

호박 반 개

두부 반 모

대파 반 뿌리

차돌박이 150그램(g)

고추 2개(풋고추 1개, 홍고추 1개)

## 재료 ❶ | 된장 3큰술

된장은 콩으로 만들어요. 콩은 우리나라가 원산지로 알려져 있어요.
오래전부터 콩을 길렀고, 장을 담가 먹은 지도 아주 오래되었답니다.
어떤 콩으로 된장을 만들까요? 된장을 만드는 데 시간이 얼마나 걸릴까요?

➡ **된장 이전에는 어떤 모습이었을까요?**
메주와 소금물로 장을 담가 장독 속에서 익혀요.

➡ **콩은 어떻게 삶을까요?**
콩을 씻고 불린 뒤에, 센 불에 푹푹 삶아 부드럽게 만들어요.

⬆ **메주는 어떻게 만들었을까요?**
콩을 삶아 네모나게 빚어 만들어요. 그런 뒤 잘 말려요.

손으로 누르면 힘을 주지 않아도 뭉개질 만큼 삶아요.

⬇ **콩은 밭에서 어떻게 자랐을까요?**
씨앗이 싹을 틔우고, 꽃이 핀 뒤 열매가 맺혀요. 열매가 잘 익으면 베어서 말린 뒤, 콩을 털어 콩깍지를 벗겨요.

장은 노란 메주콩으로 만들어요.
농사짓기부터 시작해
된장이 익을 때까지
1년이 넘게 걸린답니다.

## 재료 ❷ 육수 5~6컵

12쪽에서 끓인 육수를 쓰면 돼요. 육수를 만든 재료는 어디서 왔을까요?
멸치와 다시마는 바다에서 왔어요. 표고버섯은 산이나 농촌에서 키워요.

### ➜ 마른 멸치 만드는 과정

바다에서 잡은 멸치를 말려서 보관해요.
오래 보존하기 위해 뜨거운 소금물에 데친 뒤,
채반에 널어서 바짝 말려요.

### ⬇ 마른 표고버섯 만드는 과정

통나무에 버섯 균을 넣어서 그늘진 곳에서 키워요.
버섯 갓이 알맞게 자라면 톡톡 따서 물기 없게 말려요.
딱딱하게 마른 버섯은 물에 불려서 요리해요.

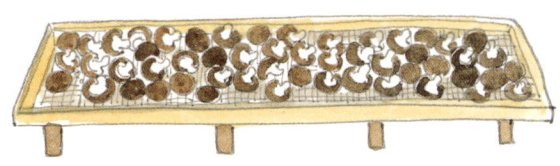

### ⬇ 마른 다시마 만드는 과정

5~7월에 수확하는데, 3~5m까지 길게 자라요.
넓게 펴서 널어 바닷바람과 햇볕으로 말려요.
우리가 먹는 다시마는 대부분 바다의 밭이라고 할 수 있는
양식장에서 키워요.

농부가 가꾸고, 어부가 잡거나 키워서
먹기 좋게 다듬어져 우리 밥상까지 온 거랍니다.

## 재료 ❸ | 두부 반 모

두부도 노란 메주콩으로 만들어요. 보드랍고 고소하고, 영양이 많아서
아이부터 어른까지 모두 좋아합니다.
아시아의 나라에서 먹기 시작했는데, 최근에는 세계인이 즐기는
식재료가 되었어요.

### 두부 만드는 과정

❶ 메주콩을 통통하게 잘 불려서 곱게 갈아요. 콩물을 만들어요.

❷ 콩물을 조심히 끓여요. 끓으면 부르르 빠르게 넘치므로 잘 지켜보다가 저어 주거나 찬물을 조금씩 부어 주며 끓여요.

❸ 끓인 콩물을 주머니에 넣고 국물만 짜내요. 건더기는 콩비지라고 해요. 짜낸 콩물을 다시 약한 불에 끓이며 간수를 부어요. 소금이 녹은 물인 간수를 넣으면 몽글몽글 흰 두부가 뭉쳐요.

❹ 두부가 엉긴 물을 틀에 넣고 물을 짜내요. 그러면 틀에 맞는 모양으로 두부가 굳어요.

### 만드는 법 ❶

**두부를 한 번 씻어
사방 1cm 길이로 깍둑썰기 한다.**

재료 ❹ | # 호박 반 개

채소와 양념은 제철 재료를 넣으면 됩니다.
요즘엔 사시사철 채소가 나오지만, 감자, 양파, 호박은
원래 6~7월부터 제철이에요. 여름에 동그란 애호박이 맛이 좋으니
시장에서 동그란 호박을 준비해 보세요.
길쭉한 애호박을 넣어도 괜찮아요.

### 만드는 법 ❷

**잘 씻은 호박은 껍질째
두부와 비슷한 크기로 깍둑썰기를 한다.**

> 모양이 둥글고 자른 단면에서
> 진액이 나오면 미끄덩거려요.
> 손으로 꼭 쥐고 천천히 자르세요.
> 크기가 커도 잘 익으니까
> 손 조심하면서 숭덩숭덩 천천히
> 잘라 준비해요.

### 재료 ❺ | 감자 1개

흙을 털어 낸 뒤, 물에 씻어 감자 칼로 껍질을 벗겨요. 다시 한 번 씻어요.

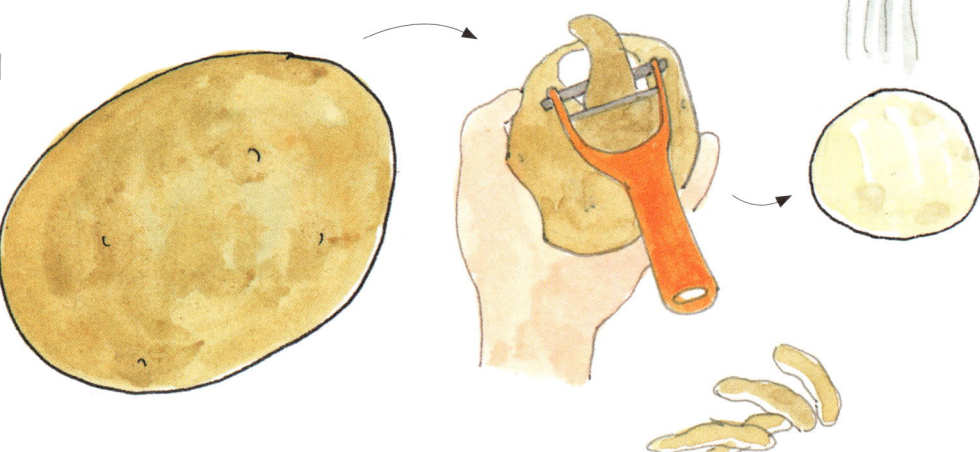

### 재료 ❻ | 양파 반 개

뿌리와 줄기 끝을 자르고 나서 붉은빛이 나는 얇은 양파 껍질을 벗겨 내요. 물에 씻어요.

**만드는 법 ❸**

감자 한 개와 양파 반 개를 씻어 준비한 뒤, 호박과 같은 크기로 썬다.

재료 ❼ | # 대파 반 뿌리

대파의 겉껍질을 벗겨 내고 뿌리를 자른 뒤,
물에 씻어 준비해요.

만드는 법 ❹

**대파 반 뿌리를 잘라 어슷어슷 썬다.**

### 남은 채소는 어떻게 보관해요?

양파 반 개, 파 반 뿌리 등을 쓰고 나서 자투리 채소가 남았다면, 주방용 봉투나 공기가 통하지 않는 그릇에 담아 냉장고에 보관해요. 속이 보이는 그릇에 보관하는 것이 좋아요. 어떤 재료가 있는지 보여야 잊지 않고 쓸 수 있어요. 다음 음식을 만들 때 쓰면 시간도 절약되고, 재료를 남김없이 써서 음식 쓰레기가 나오지 않지요.

## 재료 ⑧ | 고추 2개

음식의 색이 다양하면 입맛을 돋우어요.
풋고추 1개, 홍고추 1개(또는 풋고추 2개)를 준비해요.
열매꼭지를 떼고 물에 씻어요.

### 만드는 법 ⑤

**풋고추와 홍고추는 송송 썬다.**

## 재료 ⑨ | 차돌박이 150그램

차돌박이는 소의 배 앞부분으로,
기름기가 많은 고기예요.

얇게 잘라서 파는 차돌박이를 사세요.
생고기는 미끈거려서 썰기가 쉽지 않아요.
너무 길면 두세 번 잘라 주세요.
천천히 잘라요.
썰기가 힘들면 그대로 넣어도 돼요.
고기는 익으면 크기가 줄어들어요.

### 만드는 법 ⑥

**차돌박이를 한 입 크기로 썬다.**

# 된장찌개 재료 준비 끝!

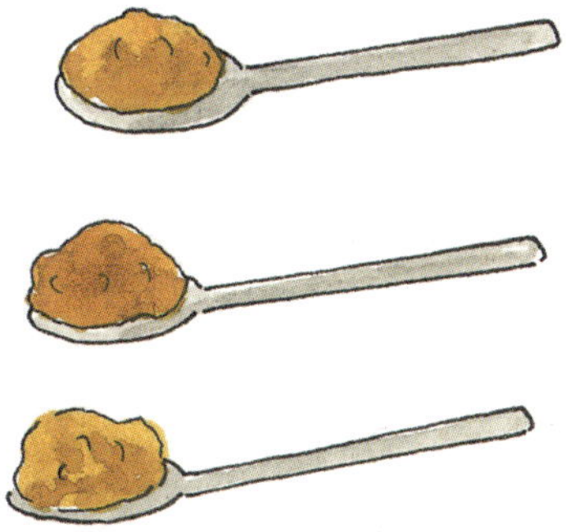

된장

육수

호박 　　두부 　　양파

차돌박이 　　대파 　　고추

찌개 끓이기가 처음이라면, 재료 준비를 다 마친 뒤에 불을 켜고 끓이기 시작하세요.
익숙해지고 나면, 국물을 끓이면서 채소와 다른 재료를 준비하며
좀 더 빠르게 음식을 만들어 낼 수 있을 거예요.

## 만드는 법 ❼

멸치 육수를 냄비에 넣고 된장을 푼 다음,
불을 켜고 끓이기 시작한다.

> 된장은 끓으면서 풀어지니까 체에 거르지 않아도 괜찮아요.

## 만드는 법 ❽

국물이 끓기 시작하면
감자와 양파를 넣고 끓인다.

> 감자와 양파를 넣을 때,
> 끓는 물이 튀지 않게 국자에 올려서
> 냄비 가까이에서 스르륵 넣어요.

※ 오래 익혀야 하는 단단한 채소부터 넣어요.

## 만드는 법 ❾

감자가 거의 익으면
호박과 두부를 넣고 끓인다.

## 만드는 법 ❿

바글바글 끓으면 마지막으로
한 입 크기로 썬 차돌박이를 넣고,
썰어 놓은 대파와 고추를 넣는다.
고기가 줄어들면서 익으면
불을 끈다.

뚝배기나 냄비째 상에 올리고
덜어 먹으면
따듯하게 먹을 수 있어요.

뜨거운 냄비를 옮길 때,
뜨거운 찌개를 그릇에 담을 때,
화상에 주의하세요.

맛있겠다!

나는 후추 넣어서 맛볼래.

재료 ⑩ | **후추**

취향에 따라 후추를 마지막에 넣고 먹으면 차돌박이의 기름진 맛에
풍미가 더해져요.

※ 뜨거운 국물을 맛보거나 첫술 뜰 때, 입이 데지 않도록 후후 불어서 충분히 식혀서 먹어요.
※ 불을 켜고 조리를 하는 동안 환기하며 음식을 만들었지요?
　먹고 난 뒤에도 창문을 활짝 열고 환기를 해 주세요.

## ◆ 남은 국을 보관하는 방법

이 책의 음식은 4인분을 기준으로 했어요.
1~2인 가정이라면 두 끼 정도의 양이에요.
처음 끓여 본다면 우선 책의 분량대로 해 보세요.
그런 뒤에는 양도 맞추고 나의 입맛, 제철 식재료, 집에 있는 채소 등을 넣으며
여러 가지 된장찌개로 응용할 수 있을 거예요.

남은 국이나 찌개가 있다면 식혀서 냉장고에 넣어 보관해요.
특히 여름에 실온에 두면 상하기 쉬워요.
겨울에도 실내 온도가 높으니 상하지 않게 냉장고에 보관하세요.
맛없어지지 않냐고요? 냉장고에서 꺼내 다시 끓이면 국물 맛이 더 깊어져요.
냉장 보관한 국도 1주일 안에 먹는 것이 좋아요.
냉장고 안에서도 아주 천천히 부패할 수 있거든요.

국을 얼려도 될까요?
주말이나 시간이 넉넉할 때에는 국을 많이 끓여서 보관하고 먹어도 좋아요.
식은 국이나 찌개를 작은 용기에 나누어 담아 얼리면 오래 두고 먹을 수 있어요.
미역국의 미역은 더 부들부들해지고, 된장찌개나 청국장도 양념이 잘 배이지요.
그래도 한 달 넘게 보관하지는 마세요.
냉동실을 가득 채우면 전기도 많이 들고 음식 맛도 떨어질 수 있거든요.
(58쪽 떡국이나 48쪽 콩나물명란탕은 얼리면 떡이 불거나 채소가 뭉개질 수 있으니 얼리는 건 피하세요.
이런 국은 한두 끼 분량만 해서 바로 먹는 게 좋아요.)

얼린 국은 먹기 전에 냉장고에 옮겨 넣고 천천히 녹인 뒤에 끓여 먹거나,
언 그릇째 찬물에 담가 녹이면 좀 더 빨리 녹아요.
언 국을 냄비에 부어 약한 불에 녹이다가, 얼음이 거의 없어지면 센 불에 끓여서 먹어요.

# [ 돼지고기된장찌개 ]

재료를 바꾸어 다른 맛의 된장찌개도 끓여 보세요. 돼지고기를 넣어서 끓여도 맛있어요. 얇게 썬 삼겹살이나 국거리용으로 도톰하게 썬 앞다리살을 넣어요. 언제 넣으면 될까요? 차돌박이처럼 얇게 썬 고기는 마지막에 넣고, 두껍게 썬 고기는 잘 익도록 감자 등과 함께 일찍 넣고 끓이면 됩니다.

먹고 남은 식재료를 써도 좋습니다.
냉동고에 있던 언 고기를 넣는다면
찬물에서부터 넣고 끓여야 해동이 돼요.
끓고 있는 물에 언 고기를 넣으면
고기 속이 안 익을 수도 있으니 꼭 살펴보세요.

맛이 어땠나요? 어떤 된장찌개가 더 입맛에 맞나요?
여러분이 끓인 된장찌개 맛이 궁금합니다.

# [ 버섯된장찌개 ]

고기를 빼고 제철 채소로 끓이면 또 다른 된장찌개를 맛볼 수 있어요. 봄에는 냉이를 넣어도 좋아요. 여름에는 제철인 감자와 호박을 더 듬뿍 넣고, 오래오래 끓여서 채소 된장찌개를 만들어도 맛있어요. 가을에는 버섯이 많이 나와요. 버섯된장찌개를 끓여 볼까요?

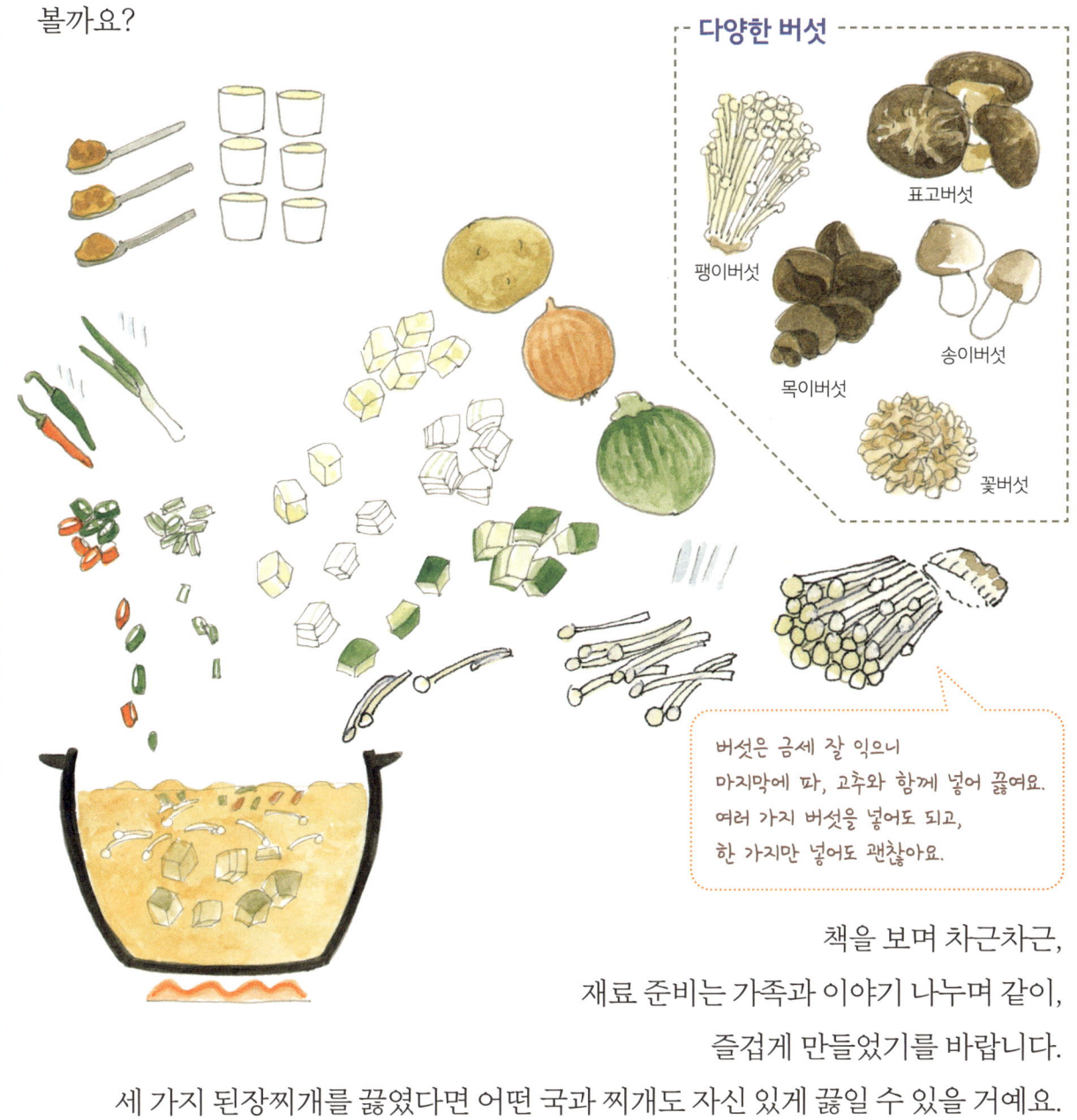

**다양한 버섯**
팽이버섯 / 표고버섯 / 목이버섯 / 송이버섯 / 꽃버섯

버섯은 금세 잘 익으니 마지막에 파, 고추와 함께 넣어 끓여요. 여러 가지 버섯을 넣어도 되고, 한 가지만 넣어도 괜찮아요.

책을 보며 차근차근,
재료 준비는 가족과 이야기 나누며 같이,
즐겁게 만들었기를 바랍니다.
세 가지 된장찌개를 끓였다면 어떤 국과 찌개도 자신 있게 끓일 수 있을 거예요.

## 2부

## 자주 먹는 여러 가지
# 국, 찌개

날마다 먹어도 맛있는 김치찌개나 미역국,
제철에 챙겨 먹는 바지락탕이나 가지냉국 등
열 가지 국과 찌개입니다.

# 국물의 간을 맞추는 **소금과 장**

**소금** 음식 맛의 균형을 맞추는 것을 '간하다'라고 해요. 특히 짠맛의 정도를 나타내지요. 짠맛이 좀 있으면 '간간하다'고 말해요. 간을 하는 첫 번째 재료는 역시 소금입니다. 우리가 주로 먹는 소금은 바닷물을 증발시켜 고체 상태로 만든 자연의 재료예요.

### 천일염 만드는 과정

### 정제염 만드는 과정

모든 음식은 간이 맞아야 맛있게 먹을 수 있습니다. 특히 국물 음식은 간을 맞추기 어려워하는 사람이 많아요. 간을 잘 맞추는 것이 국과 찌개 만들기의 기본이에요. 짠 음식이 무조건 나쁘다고 생각해서 무척 싱겁게 먹기도 해요. 하지만 소금 섭취가 적으면 몸에 이상이 생길 수도 있어요. 소금의 성분이 우리 몸의 신경 전달을 원활하게 하는 역할을 하거든요. 알맞게 간을 맞춰야 맛의 균형도 찾고 건강에도 좋아요.

> 이 책에 나온 음식의 간은
> 모두 집에서 직접 담근 장으로 맞추었어요.
> 장맛은 집집마다 달라요.
> 만드는 방법도 집집마다 지역마다 다르지요.

**장** 소금보다 더 맛있게 먹는 방법이 있어요. 간장, 된장, 고추장 등으로 간을 맞추는 거예요. 발효 양념인 간장, 된장, 고추장에서 우리 음식 맛의 가장 큰 특성이 나와요. '장' 하면 대개 간장을 말하지만 간장, 된장, 고추장을 통틀어 이르는 말로도 널리 쓰이고 있어요.

### 장(간장과 된장) 만드는 과정

① 봄에 메주와 소금물로 장을 담가요.

② 2~3개월쯤 익힌 뒤 장을 갈라요. 액체는 간장, 건더기는 된장이에요.

③ 6개월 정도 숙성시킨 뒤 가을에 먹어요.

### 고추장 만드는 과정

① 곱게 간 메줏가루, 고춧가루와 조청, 소금, 물을 준비해요.

② 재료를 잘 섞어 줘요.

③ 2~3개월이면 맛있게 익어요.

---

### 빠르게 담그는 청국장과 막장

청국장은 콩을 삶아 바로 만들어요. 메주를 띄우는 시간이 필요하지 않기 때문에 빨리 담글 수 있어요. 막장은 메줏가루에 보리, 밀, 수수, 쌀 등 곡물 가루를 섞고 소금물로 버무려 만들어요. 숙성시키는 시간이 장보다 훨씬 짧아요.

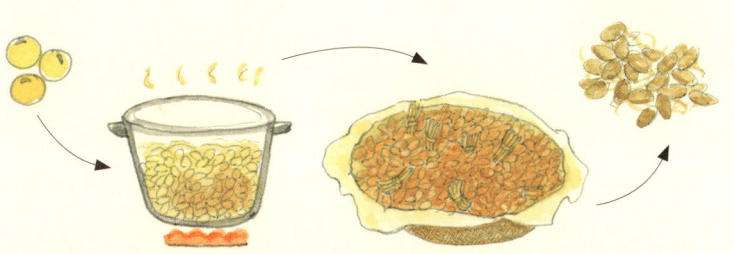

**청국장 만드는 과정** 콩을 푹푹 삶아 따뜻한 곳에서 2~3일 띄우면 균이 번식하면서 실이 생기는 게 보여요. 구수한 향이 나는 청국장이 돼요.

# 돼지고기김치찌개

**재료**

- 김칫국 3큰술
- 물 6~7컵
- 김치 600g
- 토마토 1개(약 400g)
- 돼지고기 300g
- 대파 1뿌리
- 들기름 1큰술
- 간장 1큰술
- 새우젓 1큰술
- 다진 마늘 1큰술
- 고춧가루 약간

① 김치의 국물(김칫국)을 짜서 따로 담아 둔다.

② 물을 짜낸 김치를 먹기 좋은 크기로 썬다. (1~2cm)

껍질을 벗기지 않고 넣어도 괜찮아요.
생으로 먹을 때는 질기지만,
푹 익으면 껍질도 부드러워요.

③ 토마토 꼭지를 다듬고 물에 씻는다. 끓는 물에 소금을 넣고 데쳐서 껍질을 벗긴다. 통째로 넣거나 숭덩숭덩 크게 잘라 넣는다.

④ 돼지고기는 김치와 비슷한 크기로 먹기 좋게 썬다.

※ 고기 말고 두부를 넣어도 좋아요. 두부는 국물이 끓을 때 넣어요.

❺ 다듬은 대파를 씻고, 송송 썬다.

냄비가 달구어지기 전에 들기름과 고기를 같이 넣고 볶아요. 뜨겁게 달궈진 기름에 물기가 들어가면 기름이 튀어 위험해요. 차분히 시작해요.

❻ 냄비를 불에 올린 뒤, 냄비에 들기름을 두르고 돼지고기와 간장, 마늘을 함께 넣고 볶는다.

국물이 없어 탈 수 있으니 담아 둔 김칫국을 넣어 가며 볶아요.

❼ 고기 색을 보며 반쯤 익으면, 잘라 둔 김치를 넣고 볶는다.

❽ 물과 토마토를 넣고 센 불에 끓이기 시작한다. 국물이 끓기 시작하면 불을 줄여 30분 이상 푹 끓인다.

※ 육수가 아닌 맹물을 넣어요. 처음에 6컵을 붓고, 모자라면 1컵을 더 부어요.

❾ 국물 맛을 본 뒤, 새우젓으로 모자라는 간을 하고, 대파와 고춧가루를 넣고 한소끔 더 끓여 불을 끈다.

# 소고기뭇국

**6** 소고기와 무는 건져서 도마에 올려놓고 식힌다.

※ 익은 고기는 질겨져서 손을 조심하면서 천천히 썰어야 해요. 어른의 도움을 받아도 좋아요.

**7** 국물을 냈던 소고기와 무가 식으면 납작하게 나박썰기 한다.

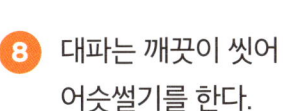

**8** 대파는 깨끗이 씻어 어슷썰기를 한다.

**9** ❺ 국물 4컵을 냄비에 붓고,
❼ 소고기와 무를 넣는다. 센 불에서 끓인다.
국간장 1큰술을 넣어 색을 내고 끓인다.

**10** 모든 재료가 어우러지고 무와 소고기가 무르게 익으면 간을 보고, 모자라면 소금을 넣어 간을 맞춘다. 썰어 놓은 대파를 넣고 마무리한다.

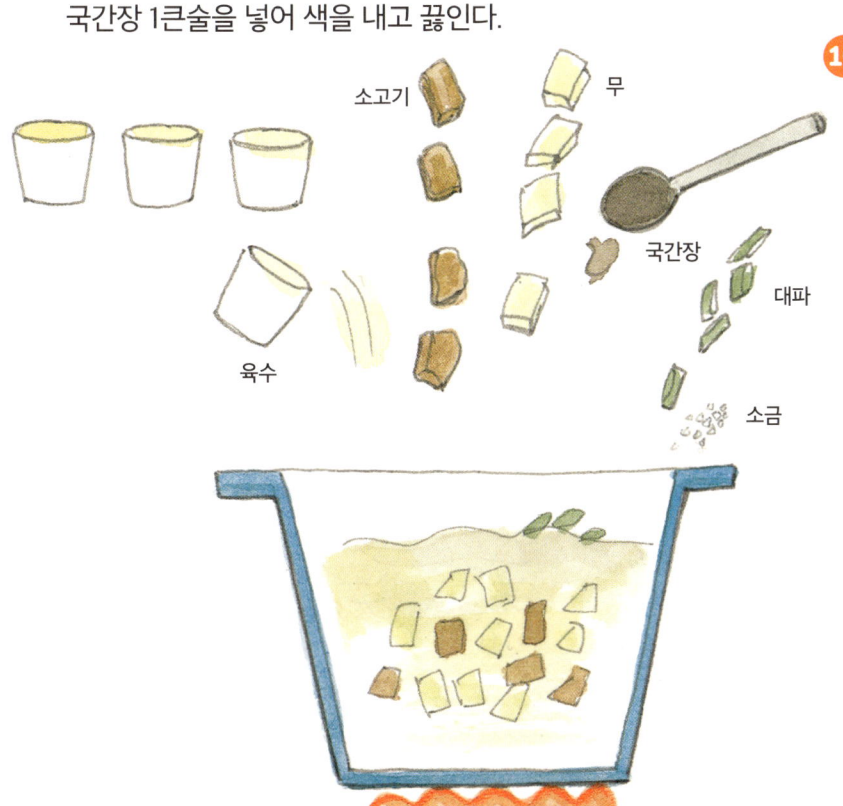

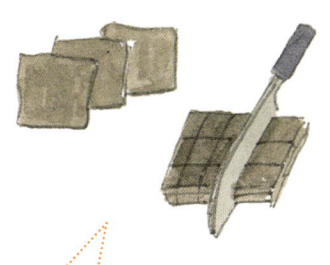

국물 낸 다시마도 작게 썰어서 뭇국에 넣어도 돼요. 또는 건져 두었다가 밥 지을 때 넣어요.

# 참나물된장국

**재료**

- 진한 육수 7~8컵
- 쪽파 4뿌리
- 된장 2~3큰술
- 참나물 150g

\* **진한 육수 만들기**
12쪽 멸치 육수에 재료를 더해서
진한 육수를 만들어요.
파 뿌리, 무, 양파 조각 등
자투리 채소를 넣어 끓여요.
된장국은 진한 육수로 끓여 보아요.

**참나물**

본디 깊은 산속 그늘진 곳에서 자라는 식물이에요.
시장에 나오는 참나물은 품종이 개량돼
밭에서 재배한 작물이에요.
향긋하고 부드러워서 나물로도 무쳐 먹어요.

① 누런 잎을 떼고 다듬어 깨끗하게 씻는다.

② 참나물을 2~3cm 길이로 자른다.

③ 쪽파를 다듬고 뿌리를 자른 다음, 깨끗하게 씻어 물기를 탈탈 턴다.

④ 쪽파를 송송 썰어 놓는다.

육수

된장

⑤ 진한 육수를 냄비에 넣고 된장을 풀어 끓인다.

참나물

⑦ 자른 쪽파를 그릇마다 한 자밤씩 넣고, 뜨거운 국을 담아낸다.

그릇에 파를 먼저 담고
뜨거운 국을 푸면 파가 살짝 익어요.
생생한 맛의 파가 좋다면
국을 푼 뒤에 고명으로 올려요.

⑥ 된장 물이 끓기 시작하면 준비해 둔 참나물을 넣고 불을 끈다.

### 된장 맛으로 먹는 된장국

된장국은 된장이 기본입니다.
된장이 맛있으면 된장국도 맛있어요.
참나물된장국을 배웠으니 앞으로 수많은 된장국을 끓일 수 있어요.
배추, 무청, 쑥, 냉이 같은 나물은 물론이고,
생선, 미역, 우렁이, 조개처럼 물에서 온 재료로도 된장국을 끓여요.
참나물처럼 금세 익는 채소는 늦게 넣고,
미역처럼 오래 익히는 재료는 처음부터 끓여요.

얼갈이배추

무청(말려서 시래기를 만들어요.)

쑥

냉이

미역

# 미역된장국

**재료**

육수 8컵 · 된장 2큰술 · 마른미역 40g · 마 또는 감자 300g

1. 마른미역에 따뜻한 물을 부어 1시간 이상 불린다.

2. 불린 미역을 모래가 나오지 않게 깨끗하게 씻어 건진다.

미역이 미끄러우니 손으로 꼭 잡고 천천히 자르세요.

3. 물기를 짜고, 먹기 좋은 크기로 자른다.

**마**

고구마처럼 뿌리줄기를 먹는 채소예요. 원래 산에서 자라는 식물인데, 시장에 많이 있는 마는 품종을 개량해 기른 작물이에요. 기름진 모래땅에서 뿌리를 굵게 키우며 자라나요. 늦가을에 수확해요.

새로운 식재료를 경험해 보세요. 기다란 마는 삶으면 포슬포슬 부서지기 쉬우니 큼직하게 잘라요. 짧은 마(주먹마)를 넣어도 좋아요. 익으면 쫄깃한 식감이 있어요. 마 대신 감자를 넣어도 좋아요.

# 바지락탕

### 재료

물 1L · 청주 1큰술 · 바지락 1kg · 쪽파 5뿌리 · 매운 고추 1~2개

**바지락**

갯벌 속에서 자라서 껍데기 속에 펄 흙이 있어요. 모시조개, 대합, 새조개 등 다양한 조개로 탕을 끓일 수 있어요.

❶ 3% 소금물을 넉넉히 만들어서 조개를 넣고 어둡게 한 뒤, 1시간 이상 둔다.

> 앙 다물었던 껍데기를 벌리고 해감해요.

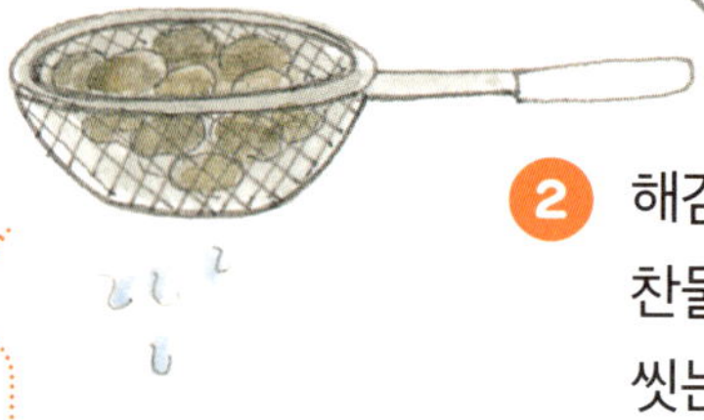

❷ 해감한 바지락을 찬물에서 박박 문질러 씻는다.

> 맑은 물이 나올 때까지 씻어서 건져 두어요.

❸ 쪽파를 다듬어 씻어서 송송 썬다.

❹ 매운맛을 좋아하면 매운 고추 1~2개를 준비한다. 씻어서 송송 썬다.

※ 매운 재료나 양념을 만진 손을 씻어요. 눈을 비비면 따가워요.

바지락

물

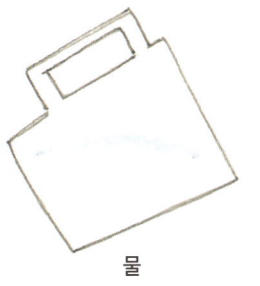

### 왜 뚜껑을 열고 끓이나요?

갑자기 후루룩 끓어올라 넘칠 수 있어요.
그래서 속이 깊은 냄비에 끓이는 게 좋아요.
재료에 따라 국물이 끓는 모습이 달라요.

❺ 냄비에 바지락과 물, 청주를 넣고
뚜껑을 연 채 끓인다.

※ 물이 넘쳐 불이 꺼지면 가스가 새어 나올 수 있으니
넘치지 않게 주의하세요.

❻ 조개가 입을 벌리면
불을 끈다.

### 국과 탕은 다른 건가요?

사전에는 '탕(湯) : 국의 높임말'이라고 나와요.
국과 탕은 비슷한말(유의어)이에요.
그러니까 바지락국이라 해도 틀리지 않아요.
요즘에는 탕을 높임말로 쓰기보다
음식 이름이 익숙해진 대로 부르는 경우가 많지요.
그럼 '찌개'는 어떨까요?
된장국과 된장찌개는 무엇이 다를까요?
찌개는 국보다 국물의 양을 적게 잡아 끓여요.

❼ 국그릇에 담고
송송 썬 쪽파를 올린다.
취향에 따라
매운 고추도 넣는다.

쪽파    고추

47

# 콩나물명란탕

**재료**
- 콩나물 200g
- 참기름 1큰술
- 옅은 육수 8컵(육수 4컵+물 4컵)
- 간장 1작은술
- 명란젓 100g
- 실파 2~3뿌리
- 매운 고추 1개

1. 콩나물을 다듬어 물에 깨끗하게 씻는다.
2. 실파는 다듬어 씻고 콩나물과 비슷한 길이로 잘라 놓는다.
3. 명란을 먹기 좋은 크기로 썬다.

길쭉한 모양이고 말랑말랑해요.

**명란젓**
명태의 알로 만든 젓갈이에요.
젓갈은 생선과 소금을 섞어 발효시켜 만들어요.
새우젓, 멸치젓 등이 있지요.
감칠맛이 많아 국물 맛을 높여 줘요.

# 고추장찌개

**재료**
- 물 1L
- 고추장 2큰술
- 돼지고기(사태) 300g
- 고기 양념(들기름 1큰술, 간장 1큰술, 다진 마늘 1큰술)
- 감자 2~3개
- 양파 1개
- 마른 표고버섯 3개
- 고춧가루 1큰술
- 대파 1뿌리
- 소금 약간

① 돼지고기는 큼직하게 썬다.
※ 고기와 채소를 자르는 도마를 따로 쓰는 게 좋아요.

② 감자 껍질을 벗기고 씻어 숭덩숭덩 썬다.

③ 양파 껍질을 벗기고 씻어 큼직하게 썬다.

④ 버섯을 흐르는 물에서 씻은 뒤, 따뜻한 물에 불린다. 4등분해서 은행잎 모양으로 썬다.

⑤ 대파는 손질해 씻어 어슷하게 썬다.

# 가지냉국

**재료**

다시마 물(다시마에 따뜻한 물을 부어 1시간 우린 물) 4컵
간장 1큰술
소금 약간
식초 2~3큰술
실파 1뿌리
가지 3개
가지 양념(간장 1큰술, 다진 파 1큰술, 다진 마늘 1작은술, 고춧가루 1작은술)

① 다시마 물에 간장과 식초로 간을 해 국물을 만든다. (간이 모자라면 너무 검은색이 나지 않게 소금으로 마무리한다. 냉장고에 넣어 둔다.)

신맛이 싫으면 식초를 빼도 괜찮아요.

② 꼭지를 떼고 씻는다.

③ 김이 오른 찜통에 가지를 통째로 넣고, 10분간 찐다.

찜통에 물을 넣고 끓여요. 김이 오르면 가지를 넣어요.

※ 찜통에 넣을 때 집게를 써요. 뜨거운 김을 조심하세요.

④ 불을 끈 뒤, 뚜껑을 열고 찐 가지를 꺼내 펼쳐 놓고 식힌다.

**5** 식은 가지를 4cm 길이로 자르고, 먹기 좋게 쭉쭉 찢는다.

**6** 다듬어 씻은 실파를 송송 썬다.

**7** ❺의 가지를 큰 그릇에 넣고, 가지 양념(간장, 다진 파와 마늘, 고춧가루)를 넣어 조물조물 무친다.

**8** 양념한 가지에 냉장고에 넣어 차게 식힌 국물을 붓고, 송송 썬 실파를 얹는다.

### 더운 여름에는 시원한 찬국

찬물에 간장과 식초를 넣어 국물을 만들거나, 맑게 끓인 국을 차게 식혀서 먹는 국을 찬국(냉국)이라고 해요. 다양한 건더기에 어울리는 국물을 부어 시원하게 먹어요. 얼음을 띄워 먹기도 하지요.

**다양한 냉국 재료**

미역, 김, 쑥갓, 우뭇가사리, 콩나물, 오이, 가지, 상추

# 토란탕

### 재료

- 양지머리 300g
- 고기 양념(간장 2작은술, 다진 파 1큰술, 다진 마늘 1작은술, 참기름 1작은술, 후춧가루)
- 다시마 2조각
- 무 200g
- 물 2L
- 토란 300g
- 쌀뜨물 3컵
- 생들깨 1/2컵
- 쌀 30g
- 소고기 국물 7~8컵
- 간장 1작은술
- 소금 약간

## 토란

여름에 크고 넓은 잎이 돋보이는 작물이에요.
추석 즈음 가을에 뿌리를 캐서 먹지요.
설날에 떡국을 먹듯이
추석에는 토란탕을 먹었어요.

① 토란을 씻고 껍질을 벗긴다.

> 껍질을 벗기고 다듬어 놓은 알토란을 사서 끓여도 돼요. 가을에 시장에서 만날 수 있어요.

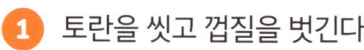

※ 생토란은 장갑을 끼고 다듬어요.
알레르기가 있으면 손이 가려울 수 있어요.

### 독이 있는 식재료 다루기

우리가 흔히 먹는 음식 중에서도 쓴맛이나 몸에 해가 되는 독이 있는 식물이 있어요. 봄에 나는 원추리를 삶아서 물에 우리고, 고사리도 삶아서 물에 우렸다가 먹는 이유예요.
식재료를 다루는 법을 배우면 돼요. 새로운 식재료를 만났을 때에는 재료의 특징을 먼저 알아보고 시작하세요.

⑦ 쌀을 세 번 깨끗이 씻는다.

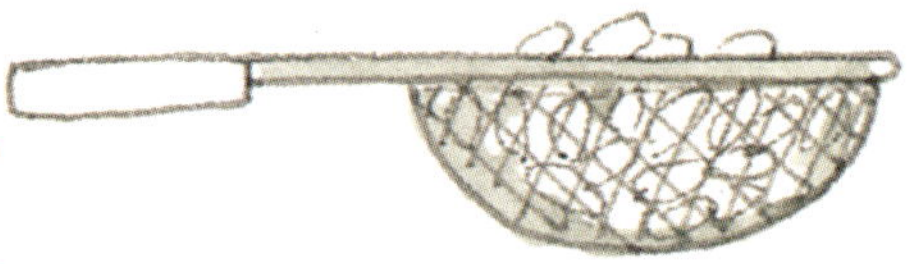

쌀뜨물을 준비해요.
쌀을 씻을 때
두 번째 씻은 물을 받으면 돼요.
토란 삶을 때 쓸 거예요.

체에 밭여 두세요.

⑧ 쌀을 30분쯤 불린다.

생들깨가 없다면,
들깻가루와 물을 1:1로 섞어서
준비해요.

불린 쌀    생들깨    물

믹서가 없다면,
쌀가루로 국물을 준비해요.
불린 들깻가루 3 : 쌀가루 1의 비율로
한 컵을 만들면 돼요.

⑨ 생들깨를 믹서에 간다.
불린 쌀도 믹서에 간다.
고기 삶은 물을 조금씩 부어 가며
곱게 간다.

⑩ 들깨와 쌀을 간 물을 섞어서
체에 한 번 거르고,
❻ 고기 국물과 섞는다.

쌀뜨물

토란

쌀뜨물에 삶으면 섬유질이 부드러워지고 토란 맛이 순해져요.

**11** 토란을 삶는다.
쌀뜨물 3컵에 소금을 한 자밤 넣어서 끓인 뒤, 다듬어 놓은 토란을 넣는다.

⋯▸ 삶은 토란을 찬물에 씻어 둔다.

이제 준비가 다 되었어요. 처음 경험하는 음식은 누구나 낯설어요. 새로운 도전을 하듯이 호기심을 갖고, 차근차근 과정마다 식재료의 변화도 살펴보면서 재미있게 만들어 보세요.

양념한 고기

삶은 토란

소금

끓기 시작한 뒤 약 10분 더 끓여요.

**13** 간을 보고, 모라자면 소금을 넣어 마무리한다.

**12** ⑩ 준비한 국물에
⑤ 양념한 고기와
⑪ 삶은 토란을 넣고 끓인다.

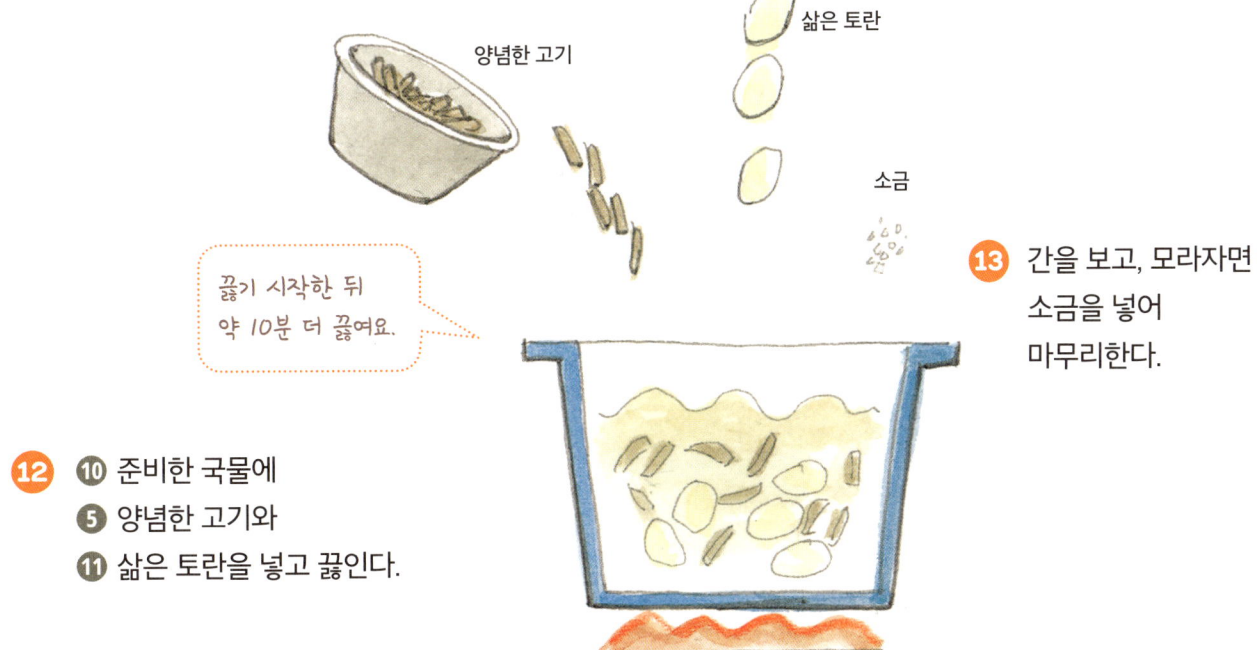

# 떡국

**재료**

- 가래떡 300g
- 멸치 육수 4컵
- 국간장 1작은술
- 대파 1뿌리
- 소금 약간
- 달걀 3개
- 후추 약간

2인분 분량입니다. 떡국은 끓여 두면 물기가 없어지고 떡이 붙기 때문에 적게 끓여 볼게요.

## 가래떡 만드는 과정

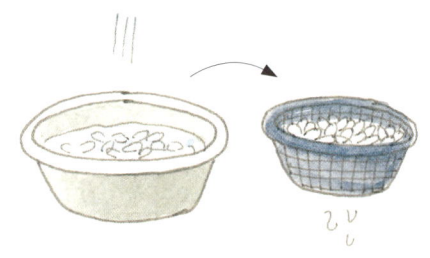

① 쌀을 깨끗이 씻어서 불려요.

② 방앗간에서 불린 쌀을 가루 내요. 소금과 물을 조금씩 부어 가며 찧어요.

③ 가루 낸 쌀을 찜기에 올리고 쪄요.

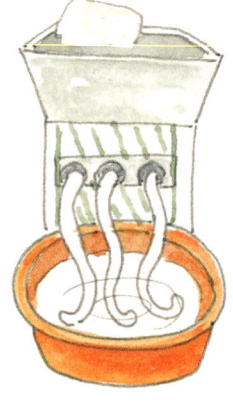

④ 뜨거운 떡을 기계에 넣고 가래떡을 뽑아요.

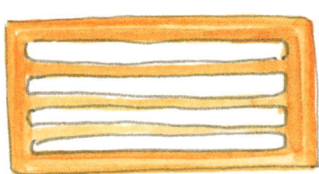

⑤ 둥글고 길게 뽑은 모양을 '가래'라고 해요.

⑥ 처음 뽑았을 때에는 말랑말랑해요. 물렁거려서 썰기는 어려워요. 하루쯤 두면 알맞게 솔아요. 이렇게 물기가 알맞게 마른 가래떡을 긴 타원형으로 잘라요.

떡국은 쌀로 만든 가래떡을 둥글게 잘라 끓여요. 떡국은 새해 설날을 맞아 한 해의 복과 건강을 서로 기원하며 먹는 명절 음식이에요. 요즘에는 가래떡을 구하기가 쉬워졌어요. 한 그릇 음식으로 뚝딱 끓여 먹기 좋지요.

1. 자른 가래떡을 물에 한 번 씻어 찬물에 담가 놓는다.
2. 대파는 다듬어 깨끗이 씻어 어슷썰기를 해 놓는다.
3. 달걀을 깨서 그릇에 담고 포크로 노른자와 흰자가 섞이도록 저어 놓는다.
4. 냄비에 육수를 붓고 불에 올리고 끓인다.
5. 육수가 끓으면 물에 불려 둔 떡을 넣고 끓인다. 간장을 넣는다.
6. 떡이 모두 떠오르면 중불로 줄이고 2~3분 더 끓이면서 모자라는 간을 소금으로 한다.
7. 달걀을 둥그렇게 원을 그리면서 천천히 주르르 흘려 넣는다. 어슷하게 썬 대파를 넣고 불을 끈다.
8. 그릇에 담아낸다.

후추를 뿌리거나 김 가루를 얹어 먹어도 좋아요.

### 편집자의 편지

국 끓일 때, 다음 두 가지를 꼭 기억해 주세요. 화재 조심! 화상 조심! 다 아는 건데도 한 번 더 얘기하고 싶어요. 며칠 전 국을 끓이다가 냄비를 시커멓게 태웠거든요. 부엌에 검은 연기가 가득하고 냄비는 쓸 수 없게 돼 버렸답니다. 국을 데운다고 불에 올려놓고는 청소를 했지 뭐예요. 시간이 많이 갔는지 몰랐어요. 냄새가 나서 부엌으로 달려갔더니, 냄비에서 검은 연기가 나고 있었어요. 가스 불을 끄고, 달궈진 냄비를 조심스럽게 들어서 싱크대에 옮기고는 찬물을 조금씩 부어 식혔어요. 매캐한 탄내는 오래 가더라고요.
처음에 국을 끓일 땐 자리를 꼭 지키며 언제 끓는지 기다리고, 맛도 여러 번 보며 계속 부엌에 있었는데 말이에요. 그냥 데우는 일이라며 방심했어요. 국이랑 찌개 끓이기가 익숙해진 뒤에도 화재 조심, 화상 조심, 두 가지는 기억해 주세요!

'음식 도감' 시리즈를 만들며 음식 만들기가 더욱 재밌어졌어요. 아침에 일어나서는 솥에 밥을 짓고, 얼마 전에는 오이소박이랑 깍두기도 담갔어요. 이번 《국·찌개 도감》을 만들면서 김치찌개 맛을 새로 알았어요. 한창 책을 만들던 봄에 책의 조리법대로 끓여 보았지요. 순서를 지키고, 새로운 재료인 토마토도 넣어서요. 콩나물국도 새로워졌어요. 콩나물을 볶아서 국을 끓이고, 특별하던 떡국은 자주 먹는 국이 되었어요.
"맛있다!"
내가 끓인 국과 찌개를 맛보는데 웃음이 났어요. 이 국과 찌개를 끓인 내가 자랑스럽고 얼른 밥상을 차려서 먹고 싶어서 신이 났지요. 《김치 도감》, 《밥 도감》에 이어, 이번에는 《국·찌개 도감》을 만들었어요. 우리 어린이 독자에게 차려 주고 싶은 음식들이에요. 신기하고 특별한 음식은 아닌데요, 늘 먹어도 좋은 음식, 늘 할 수 있는 음식을 차렸어요. 식구와 함께 먹으면 마음까지 뿌듯해지고 행복해지지요.

국물을 많이 먹으면 염도가 높아 몸에 좋지 않다고 하지요. 걱정이 된다면 책의 조리법대로 끓이고, 조금 싱거운 맛으로 먹어도 좋아요. 마지막에 소금을 넣어 간을 맞추기보다 파나 후추 등 향신료를 조금 넣어 먹으면 맛이 좋아지지요.

국 끓이기 연습을 해 보니까 육수를 내지 않고 맹물(생수)로 끓여도 맛있었어요. 카레처럼 된장국도 두 번째 끓이면 더 맛있고요. 재료가 한두 개 빠져도 맛있었어요. 된장찌개 끓일 때, 고기가 없으면 감자를 두 배로 넣었어요. 다양한 방법으로 끓여 보세요. 조리법 하나를 알면, 재료를 바꿔 가며 열 가지 음식으로 응용할 수 있어요.

고은정 선생님이 오랜 음식 수업을 하면서 쉬우면서도 과학적인 방법을 찾아내셨어요. 누구나 할 수 있는 쉬운 조리법을 널리 알리고 있지요. 믿고 따라 해 보세요.

그림은 안경자 작가님이 그리셨어요. 흔히 보던 호박과 양파도 가장 예쁜 모습을 그렸고요, 재료를 다듬고 씻고, 손 조심하면서 칼과 불을 쓰는 과정을 어린이들과 마주 앉아 함께 음식 만드는 마음으로 그리셨대요.

《김치 도감》,《밥 도감》에 이어 이번에는《국·찌개 도감》을 보면서, 밥상을 점점 풍성하게 채워 가길 바랍니다.

스스로 밥상을 차릴 줄 아는 어린이 독자 여러분!
사랑합니다.

# 찾아보기

국 이름과 관련 용어의 가나다 순서입니다.

- 가래떡 만드는 과정 _ 58
- 가지냉국 _ 52
- 고추장 만드는 과정 _ 37
- 고추장찌개 _ 50
- 김칫국 _ 14
- 돼지고기김치찌개 _ 38
- 돼지고기된장찌개 _ 32
- 된장찌개 _ 18
- 두부 만드는 과정 _ 22
- 떡국 _ 58
- 마 _ 44
- 막장 _ 37
- 메주 _ 20
- 메주콩 _ 20
- 미역된장국 _ 44
- 바지락탕 _ 46
- 버섯된장찌개 _ 33

- 소고기뭇국 _ 40
- 소고기미역국 _ 45
- 소금 _ 36
- 육수 _ 12, 21
- 장 _ 37
- 장 만드는 과정 _ 37
- 정제염 만드는 과정 _ 36
- 찬국 _ 53
- 참나물된장국 _ 42
- 천일염 만드는 과정 _ 36
- 청국장 _ 37
- 콩나물명란탕 _ 48
- 토란탕 _ 54